À MA FAMILLE TANT AIMÉE
MON INDISPENSABLE TRIBU
AUX MORTS ET AUX VIVANTS
MERCI À VOUS TOUS

© 2025 Fréha Elbaz
Édition : BoD · Books on Demand, 31 avenue Saint-Rémy, 57600 Forbach, bod@bod.fr
Impression : Libri Plureos GmbH, Friedensallee 273, 22763 Hamburg (Allemagne)
ISBN : 978-2-3225-1697-1
Dépôt légal : Mars 2025

J'ai un œil de sorcière
      Le gauche ou le droit ?
Le central
      Un œil de verre ?
De vert et d'or
Il est un peu perché
Il voit ce que les deux autres
Ne peuvent appréhender
Ce que les deux autres ignorent
      C'est bien pratique !
Pratique et ésotérique.
      Moi, j'ai un nerf de bœuf
      Ça vous intéresse pour votre œil ?
Non, il reste libre
Quelquefois, il Lévite
J'ai peur qu'il ne revienne pas.
      Ah ! il est au service du Divin
      Œcuméniste ?
Assurément mais tendance Panique
Il est mon dôme de fer et mon paratonnerre
J'ai un œil de sorcière
Et je n'en suis pas peu fière.

Soirée Drog Queen

Je n'irai pas par quatre chemins
Je prendrai la voie royale
Et vous viendrez en train ?
Non, le rail, c'est pour le peuple
J'arriverai en carrosse
Celui de la reine Victoria
Le plancher doit être pourri !
Troué même !
Ça fait des toilettes à la turque
Et en quoi serez-vous déguisé ?
Baron de la drogue
C'est risqué, non ?
Non, la poudre sera dans ma perruque.
Et je ventilerai à tout va !
Il paraît qu'il y aura la Beyonce
Quelle héroïne !
On ira se poudrer le nez ensemble.

Escalator

Pour votre sécurité
Tenez la main courante !
Mais elle est chaude
Et maculée d'empreintes fébriles

Tenez la main courante
Ou vous allez tomber !

Je sais.
Je vais tomber sans résister
Sans honte
Et à la vue de tous
Mes doigts vont se crisper
Sur sa colonne vertébrale
Et il sera trop tard.
Elle m'entraînera dans son souplex
Au rythme d'une mécanique haletante
Je laisserai sa main courir
Tandis que ses pieds resteront
Recroquevillés et inutiles.
Puis, dans une torsion maîtrisée
Elle me quittera pour un nouveau cycle
Révolution sur ruban noir.

Saint Barth

Tandis que les Protestants protestent
Les piétons piétinent la ferraille

Les Luthériens luttent pour rien
Contre un massacre sacrément orchestré

Les versatiles versent une larme
Les romantiques tiquent un peu

Les Bourbons bourbonnent sec
Et préfèrent garder les yeux fermés

Les chasseurs chassent les réformés
Mais préservent les convertis
Qui forment le gros de la troupe

Et qui est le gros de la troupe ?
Celui qui s'est laissé dépasser
Le nouveau Charles

Laine à l'aine

Dessine moi des toilettes

Chasse d'eau sur châssis
Tranche de chêne percée
Cuvette à lunettes

Rubans et dentelles
Caftan de soie blanche
Petits pois et col Claudine

Finalement j'ai dessiné un mouton
Coiffé d'un chapeau à plumes
Et je l'ai mis sur un trône.

Lueur

Baisse les yeux
Quand je te parle
Baisse les yeux
Quand je te regarde
Baisse les yeux
Quand je pose mes mains sur toi

J'ai ouvert les yeux
Sur une flamme vacillante
Sur une bougie devenue
Insignifiante
Noire d'opprobre et de suif
Toxique

J'ai soufflé sur sa mèche
Aux fils dénudés
Presque totalement consumée
Je peux enfin fermer les yeux
Et hurler dans l'obscurité
D'une nuit calme et sereine

Conseil d'ami

Ah mon pauvre vieux
Tu as mauvaise mine
    Une mine de plomb ?
Une mine de rien
Une mine à faire peur
D'une craie poudreuse blanc cassé
Mais ne le dis pas à ta femme
Elle va me trouver médisant
Garde ça pour toi
    Pour sûr !
Non pour toi. Rien que pour toi !
    Merci de ta sincérité, ça me fait plaisir
De rien
    Plaisir de rien ! My poor old guy
    Faut prendre un Up-ça
    At tea time
    Remède d'un vieil Anglais
    Avale ces petits comprimés
    Bleu de Chine pour nuit câline
Et pour le décalage horaire ?
    Commence le traitement à deux heures
À deux heures, je dors !
    Alors prends les petites boules roses
    Rose tyrien.
Ah !

Le bijoutier et son crapaud

C'est l'histoire d'un bijoutier
Amoureux d'un crapaud
Il l'a dans la peau
Au point d'en être tatoué.
Un faisceau de lumière
Lui va droit au cœur.
Ses yeux à double foyer
Le scrutent fébrilement.
Aveuglé par sa brillance
Il avance son index
En toute confiance
Vers l'éclat acéré.
Il le polit et polit encore
Dans un geste rotatif
Qui se veut érosif
Le crapaud finit par être recouvert
Du grenat du bijoutier
Ainsi devient-il troublé, dénaturé
Le batracien n'est plus.
C'est la faute du bijoutier.

Carpe diem

Avez-vous remarqué
La tête du poissonnier ?
On dirait une carpe farcie
Façon traditionnelle
Cachère, pas chère
Recette ashkénaze
Avec un petit bouillon
Au fond des yeux
La carpe, bouche bée
Reste muette
Elle ressasse toutes les horreurs
Qu'elle a vécue
En tentant de remonter le fleuve
Et toutes celles reçues en héritage
Réminiscence d'un parcours douloureux
La carpe s'est asphyxiée
D'un air vicié, d'un cri inaudible
Car de douleurs et de blessures
Elle en est farcie.

Es lettres

Il ne faut pas tout prendre
Au pied de la lettre !
Soit, mais comment faire avec le O
Ce serpent qui a avalé sa chaussette

Comment se priver du nota bene ?
Pour aller à l'essentiel sans rien oublier
Trente lignes de mots d'excuse
Pour supprimer le NB : Je te quitte

Pourquoi effacer la signature ?
Pour anonymiser le narrateur
Libérer les langues de vipère
Et réhabiliter le corbeau

Charme désuet de la correspondance
Transformé en brièveté d'un message
Kestufou ?
OQP

Inventaire

Fermé pour inventaire
L'écriteau semble bien inutile
Au fromager qui sent aussi fort
Que ses invendus
Au quincailler qui comptent
Ses vis, ses clous et ses boulons
Depuis plus d'une semaine
Mais que dire du philosophe
Qui a du mal à structurer ses idées
Et le prédicateur fou
Qui vend du vent et souvent de la tempête
Quand à Celui qui prête du temps
Des secondes, des jours et des mois
Son inventaire, il le fait chaque année.

La dermite du boulanger

Le boulanger a des croûtes
Mais ne consulte pas.
Le Service d'Hygiène l'a arrêté
Il dit ne pas être le seul
Et pour sauver sa peau
A dénoncé son ami le peintre
À qui l'on a saisi toutes ses toiles
Ses pinceaux et ses couteaux.
Le boulanger continue de pétrir
Ses brioches aux pépites
Ses quiches gratinées
Et surtout ses pains multigraines.
Si le boulanger augmente ses prix
On lui dira qu'il peut aller se gratter !

Suivant !

Numéro 19 !
Votre nom s'il vous plaît
    Mathusalem
Impossible !
    Mais si, je suis le grand père de Noé.
Vous auriez presque 6000 ans !
    Et vous n'aimez pas les vieux ?
Je n'aime pas les morts !
    Pourquoi ? La mort, vous fait-elle peur ?
Non mais chacun dans son monde.
    Elle viendra pour vous aussi, un jour
    Inutile de l'appeler ! Elle viendra.
    Vous auriez préféré qui ?
Celui qui fait les cent pas
Dans la salle d'attente
    Ah le numéro 33 !
    Il est parti, il est revenu, il est reparti
    Certains disent qu'il reviendra.

Mer rouge

J'ai dit à mon poisson de se cacher
Sans hésiter, il a plongé
De tout son long, il s'est étalé
Dans la sauce Nantua
Pas de quoi en faire un plat !
Je l'ai aidé à se retourner
Il était rouge écrevisse.
Choc thermique ou vilénie !
Il m'a regardé fixement
Et j'ai vu dans son œil
Qu'il semblait déboussolé
J'ai dit à mon poisson de se sauver
Il n'a pas bronché
Alors je l'ai remis dans son bocal.

Chapeau

T'as vu mon nouveau chapeau !
Je l'ai acheté chez Joseph
Il m'a dit que je faisais star, avec.

Tu lui ressembles.
À Joseph ! Non, pas du tout
À qui ? Une actrice ? Une chanteuse ?

Non. Tu ressembles à ton chapeau
Un peu froissé, Un peu avachi
Et beaucoup trop large.

Et toi tu sais à qui tu ressembles ?
À tes pieds !
Puants et dégoutants.

Le chapeau est resté dans l'armoire
Et Robert tout entier, sur le canapé.

Tiroirs

En rangeant mes chaussettes
J'ai trouvé un pied dans l'une d'elle
Non ce n'était pas le mien
Je l'aurai reconnu tout de même !
Et ce n'était pas ma pointure.
D'habitude, c'est le lave linge
Qui avale mes chaussettes !
Je ne vais pas passer mon temps
À rechercher quelqu'un
Qui a perdu pied
Tant pis pour lui !
Un jour, j'ai perdu la tête
Sous un bonnet de marin
Qui m'a laissé en souvenir
Quelques boutons de culotte
Et je ne m'en suis pas plainte !

Ttttttt toc, toc, toc !

Il ressemble à quoi ton prof de théâtre ?

Monsieur Loiseau !
Toujours la cigarette au bec
Des cannes de serein
Un petit cul de poule
Il est super sexy !
Quelquefois,
Il nous lance des noms d'oiseaux
Et nous envoie quelques piques
Souvent, il se prend pour un pivert
Qui se veut rabbin.

Par trois fois, il frappe du bec
Et la pièce peut commencer.

Spécial, très spécial, ton prof !
Un œuf fêlé quoi.

Oui. Je l'adore.

Ombres

C'est là, sous vos yeux !
Je ne vois pas...
Une tâche sombre
Et de petites lignes asymétriques
Un léger relief
Une zone un peu molle...
Mais si, c'est là, sous vos yeux !
Un petit ballot
Qui prend de l'ampleur
Au fil du temps

Impossible !
Je voyage toujours sans bagages.

Le paillasson

Il gratte et frotte
Et lime et brosse
Enlève toutes traces
D'infâmes salissures.
Abrase légèrement
Le cuir délicat
Non sans laisser
Des stries à peine visibles
Sitôt camouflées par un doux massage
De cirage noir suivi d'un délicat lustrage.
Au seuil de la porte
Il faut gommer et effacer
Dans ce récurant pédiluve à sec
Les restes de trahison et d'opprobre.
Avec le temps
Le paillasson s'alourdit.
Avec le temps
Son message pâlit pour disparaître
Dans les profondeurs de sa pilosité.
« Home sweet home »
Ah qu'il est bon de rentrer chez soi !

Fenêtre sûre

Reste à ta fenêtre et tu entendras
Quelques bribes de médisances
Entre deux portes cochères
Des soupirs d'épuisement
De porteurs en tous genres.

Reste à ta fenêtre et tu verras
Devant la porte de l'hôpital
Des visages déformés
Des corps fracassés et rafistolés
Les larmes des endeuillés.

Reste à ta fenêtre et tu sentiras
Non, tu ne sentiras rien du tout
Ton nez est bouché par l'air ambiant
Ton cœur s'est atrophié
Tes yeux fixent en vain, le lointain.

Reste à ta fenêtre
Car c'est là, ta fin de vie
Vieille affiche sur mur égratigné
Deux bras sur une rambarde
Trop fatigué pour l'enjamber.

De bon aloi

Madame est partie faire
Trois petits tours au marché
Ses amies des fermes voisines
Restent aux champs
Elle vole par-ci, par-là
Six saucisses
Neuf œufs de poule
Douze arbouses
Mais la police veille.
Deux individus trapus
En uniforme blanc, aux boutons noirs
L'ont vite repérée
Elle fuit en tenant son larcin.
Et marche d'un pas chaloupé
En évitant certains pavés,
Les angles tranchants, le puit glissant.
Il lui faudrait aller deux fois plus vite.
Elle tourne, virevolte, vrille et finit
Par faire face aux deux mastocs
Des bouchers sûrement. Elle a peur.
J'ai du vin, leur dit-elle. Il est à vous.
En prison, l'oie grasse !
À soixante trois ans, elle rêvait d'Eden.
La vie n'est qu'un jeu, prétexte t-elle
Elle restera deux lunes derrière les barreaux
Sors de là et retourne dans ta case !
Elle se redresse et rétorque
D'un battement de cils
Game over !

Tempérance

Mon médecin est déprimé
Et ça me fait du bien
Je lui parle de ma tension
Il lève ses sourcils, faussement étonné
J'évoque mon cœur fatigué
Il fixe le 3ème bouton de ma chemise
Je n'ai plus d'appétit, plus d'envie
Ses mâchoires se crispent nerveusement
En faisant grincer ses dents
Est-ce un sourire de complaisance,
Le miroir de mes souffrances,
Une douleur partagée,
Ou un cri qu'il tente d'étouffer ?
Je ne dors plus beaucoup, lui dis-je
Lui garde mi-clos, ses yeux fatigués
Je n'ose le déranger davantage
Ce silence devient pesant
Je glisse un billet sur le cuir vieilli du sous-main
Il pousse une ordonnance vide mais signée
Et pour les médicaments ? Je prends…
Il lève une main en soufflant
Un signe de tête suffit. J'ai compris.
Je quitte le cabinet sans un bruit
Un médecin qui va mal
C'est un patient qui va mieux.

Sans l'ombre d'un doute

Sans l'ombre d'un doute,
Je vais retrouver ma famille
Mes chers et vieux amis
Mes voisins, mes collègues
Mes camarades de classe,
Et même oiseaux, chiens et poissons.

Et si ma famille n'était plus famille
Mes vieux amis trop fatigués
Mes voisins déménagés
Mes collègues retraités
Mes camarades de classe, des vieillards
Mes animaux échappés.

Sans l'ombre d'un doute,
Tu es Lumière d'or
Regard bienveillant
Et silence d'absent

Et si tu n'étais plus
Et si tu n'étais pas

Je veux croire que tu es là
Omniprésent
Ici et maintenant
Éternellement.

Café lounge

Trois gouttes d'alcool dans un dé à coudre
À siroter sur du Marvin Gaye
Hum, c'est plutôt intime ici
    Moi, j'ai pris un café allongé
    Les banquettes sont confortables
    Et la lumière tamisée.
T'as de beaux yeux, tu sais
Embraaaa......
    Oh ! Tu m'as enlevé les mots de la bouche !
Mais je t'ai laissé tes dents !
    Je pense qu'il est temps de partir
À l'imparfait ?
    Ne fais pas ton modeste !
Un futur simple alors ?
    Il est impératif de trancher.
Ton ami est très en retard
Je vais lui rentrer dans le lard.
    J'ai la couenne qui se dessèche.
    Partons !

Présage

Chien de pique annonce
Œil de perdrix
Vent de malédiction
Sortilège du feu brûlant

Sous un retard
Des pentacles tombent
Des runes s'éclatent
Et roulent jusqu'au fond du puits

Le diable mène la danse
Et tranche les langues
Situation bloquée
Le pendu en a la tête enflée

Dans vos pénates
La faucheuse s'introduit...

Stop ! Stop !
Taratata, je n'y crois pas !
Range tes cartes, la sorcière !

Des tarots, Toto ! Pas des cartes.
Sois maudit ! Pff !

Attention

Attention en traversant !
Me disait ma mère
Peut-on traverser avec délicatesse ?
Je ne crois pas.
Non, je ne crois pas Maman.
Pour la femme de mes pensées
Je me ferai pluie
Pour ruisseler sur son crâne.
J'affûterai ma chevalière
Pour voir perler sa peau.
Je percerai ses oreilles
Pour y sceller un anneau.
Je serai glaive
Pour fendre ses entrailles.
Je deviendrai son confident
Pour connaître ses angoisses.
Je m'improviserai psychologue
Pour jouer avec son désespoir.
Mais j'agirai avec attention
Et mettrai des gants
Pour ne pas l'abîmer.
Je dois te laisser
Cher journal intime
J'entends les pas de l'infirmier
Extinction des lumières dans trois minutes.

Appréciation

« Peut mieux faire »
M'a t-elle écrit sur un post-it
Laissé sur la porte de ma chambre
Jugement sévère sans explication.
Faute de frappe
Ou manque de style ?
Je reste au-dessus de la moyenne
Toujours !
Je ne suis peut-être pas surprenant
Mais saisissant !
Si j'osais, je lui dirai
Qu'elle manque de concentration
Qu'elle est souvent hors sujet
Travail décevant ! Passable
L'année prochaine,
Je change de maîtresse !

Scène de vie

Je cherche l'entrée des arènes
Moi aussi.
Deux heures que je tourne en rond
Ça vous en bouche un coin !
Quel coin ?
Celui de la porte d'entrée
Passons par la scène alors.
On va déranger
S'ils sont en train de dîner.
Prions pour qu'ils ne nous remarquent pas
Le vin coule à flot et les galettes croustillent
Nous passerons inaperçus.
J'entends des bruits saccadés suivis de cris
Des applaudissements sûrement
Ne vous retournez pas !
On va nous le reprocher.

Pas à pas

Un ami m'a dit
Si tu as un chagrin d'amour
Mets des chaussures trop petites
Alors j'ai acheté du 36

Tout en plastique et joliment vernies
Pointues et bien serrées
Pour compiler mes orteils
Pour courir plus vite que mes pieds

C'est un effort constant
Car il faut tenter de les rattraper
Avant de finir en chaussettes
Qui ne cesseront de se détricoter

User le fil d'un pas alourdi
User la corde de ses semelles
Jusqu'à la corne de ses callosités
Avant de ronger son os

Regarde tes pieds en marchant
Pour t'assurer d'être encore vivant
Pour dépasser et oublier ton passé
Et partir les pieds devant.

L'écureuil

L'écureuil a perdu son portefeuille
Dans les allées de Hyde Park
Un touriste sûrement
Faisant mine de chercher
Un bon emplacement pour pique-niquer
Ah ces humains, tous les mêmes
Faut s'en méfier comme de la fibromatose.
L'écureuil se mit à chercher frénétiquement
Entre les racines apparentes
Des arbres blanchis
Sur les branches dénudées
Sous les amas de neige
Et même dans le fond des poubelles.
C'est sous un reste de sandwich
Qu'il trouva un flyer aux couleurs vives
Une invitation pour un opéra
Dont le titre lui fit froid dans le dos
Casse-noisette !
Et maintenant ils veulent m'affamer !
Pensa t-il
Trop occupé à saliver sur la photo
Il ne réalisa sa capture
Qu'une fois jeté au fond d'une cage.
Trois mois de prison, nourri et chauffé
Il retrouva son portefeuille
Au printemps suivant.

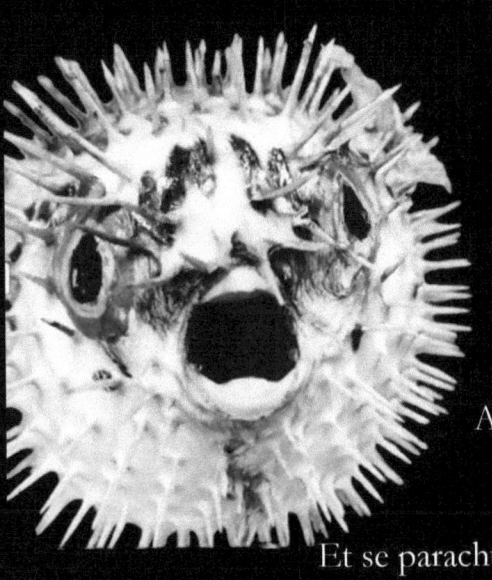

Prendre l'air

Viens là, ma jolie gaufre
Allons prendre notre envol
Je t'emmène en zeppelin
Pour un voyage vaporeux
Et se parachuter sur des trottoirs lavés
Surfer sur des caniveaux encombrés
Puis s'éclater à l'angle d'une avenue.
Je serai ton canard
Tu seras mon matelas de plage
Oh mon poisson globe
Ma belle dilatée
Mon appel d'air
Mon...

Non mais !
Tu me cortisones là ?
Oui. Œdème-bien.

Poupoule

À poils, la poule !
À poils, la poule !
Criaient-ils, tous
Surexcités et enragés
Il en arrivait chaque seconde
Et formaient une griffe
Qui se refermait peu à peu sur elle.
L'ensemble, tel un cœur palpitant
Battait à l'unisson
Pourtant chacun, à son tour
Tendait son cou pour se rehausser
Et vidait, d'un jet, ses poumons
En hurlant leur cri de ralliement
À poils, la poule !
Piquée par une telle véhémence
D'un geste vif et leste
Elle enfila sa cape de zibeline
Leur lança un regard noir
Et ces quelques paroles
Vous êtes contents maintenant !
Elle pivota. La foule s'écarta.
Elle partit en tortillant du croupion
Qu'elle leur laissa admirer.

Les mains dans le dos

Le vieil homme s'en va, à petits pas,
Tranquillement, douloureusement
Petit fardeau qu'il traîne bruyamment
Scarifiant le sol de son passage.

Il lutte, dans un équilibre précaire
Pour ne pas céder à l'attraction terrestre
Et plonger tête la première
Dans un abîme poussiéreux

Instinctivement il garde
Les mains dans le dos
Excroissances noueuses
Qui s'agrippent l'une à l'autre.

Ce piètre levier aux rouages grinçants
Tente de redresser le navire
Qui sombre inévitablement
Sans grande résistance.

Viens, lui dit la sirène de glaise
Viens, mon bonhomme allumette
Rejoins-moi
Dans la chaleur du ventre maternel.

Pédiculose

Il y a bien longtemps, la forêt était dense
Et les arbres forts et puissants.
Se cacher était facile et ludique
Une bise de lavande, au souffle court
Nous faisait éternuer
Mais chacun restait sur sa position .
Régulièrement un tsunami
À l'écume blanche et mousseuse
Délogeait les plus fragiles
Toutefois la majorité d'entre nous
Restait agrippée fermement à son arbre
À son roseau devrais-je dire
Tant nous ressentions chaque vibration.
Nos griffes et dents semblaient aiguisées
Nous vampirisions le sol
Pour le vider de sa sève nourricière.
On a tout fait pour nous chasser.
Une mâchoire aux dents d'acier
Fines et acérées, emportait les plus dodus
Qui ne pouvaient rentrer leur ventre.
Un brouillard acide projeté au canon
Détruisait les bronches des asthmatiques

…/…

Pédiculose
Suite

Parmi les rescapés, il y eut moi
Et le temps passa
Et la forêt s'étiola
J'ai dû quitter l'hyper centre
Pour m'installer aux portes
Puis émigrer en périphérie
Et l'environnement se désertifia.
Telle fut ma vie
Ma fin de vie de pou édenté
Sur un crâne devenu chauve.

Partie de cartes

La reine est au-dessus du valet
Bien sûr, tout le monde le sait.
Et qu'en dit le roi ?
Le roi s'en moque
Car depuis qu'il côtoie l'as de pique
Il reste à la pointe de l'épée.
Les têtes couronnées vivent en vase clos
Et le petit personnel doit les vider.
Certains restent sur le carreau
Tandis que d'autres, plus romantiques
Jouent leur va-tout pour un cœur dévoilé.
Devant cette situation ubuesque
Le fou quitte le palais, un trèfle à la main
« Ne fais pas ta folle » lui dit le Mahatma
Reviens tout de suite !
Que vais-je dire de ta disparition ?
Joker ! Répond le fou en s'éloignant.

Nuit d'ivresse

Et ta soirée, c'était bien ?
Festive et très arrosée
À partir de minuit : amnésie totale
Je suppose que j'ai continué de boire
En effet tu fais peur à voir !
Thé ou café ?
Whisky
J'ai des biscottes
Alors un double !
Pour faire passer la biscotte
Je t'amène de la confiture ?
Attends, je vais vomir
Ça va mieux maintenant ?
Oui mais je ne me souvenais pas
Avoir mangé des sardines cette nuit.

Loulou

Mamie, je te présente Loulou,
Mon nouvel amoureux
Il travaille dans la fourrure
Oui ses parents aussi
Asseyons nous pour discuter !
Oh, tu nous a fait une galette pur beurre
Quel délice !
Chéri, c'est toi qui a eu la fève !
Quelle veine !
Les tiennes deviennent bleues
Violettes maintenant et très apparentes
Elles gonflent à vue d'œil.
Tu n'as pas l'air très bien
Loulou, relève-toi, enfin !
Mamie, c'est bon, il est mort.
Je le traîne à la cuisine.
Ce soir : civet de loup
Et privées de dessert !

Bien ficelé

Il a le pilon qui pilonne
Et le haut de cuisse qui jambonne
Un vrai cochon !
Il paraît qu'il est médaillé
On la donne à n'importe qui maintenant !
J'ai entendu dire que certaines voulaient
Le pendre au plafond.
Pauvre bête !
D'autres lui offrent un torchon et une ficelle
Un string pour un cochon ?
Excellent choix !

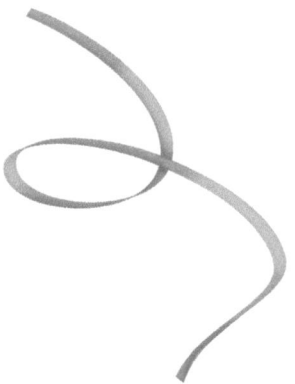

L'oud

Chère baronne
Que faites vous de votre temps libre ?
    Tous les mardis soir
    Je prends des cours de luth
Vraiment ?
Jamais je ne vous aurai imaginée
En de telles positions
    C'est un moment délicieux
    Où nos ventres s'entrechoquent
    Où mes doigts s'usent avec douleur
    Où mon corps s'incline
    Mes cheveux tombant sur son flanc
Eh bien !
Ça alors !
    C'est un jeu d'harmonie et d'écoute
    Sur un rythme oriental
    Aux sons rauques et suaves.
Un Oriental !
Vous luttez avec un Oriental !
Alors, cinq sur vous la baronne
    Cinq !
    Non, un peu plus.

Bouche gourmande

Une bouchée au chocolat ?
Oui volontiers !
La voilà qui pénètre sa bouche
Les saveurs s'attaquent aux papilles
Exaltent son haleine autrefois fétide
Le gras colonise ses dents
Et sa langue marbrée
Brasse, dans un mouvement centrifuge
Cette masse devenue collante et informe.
Invisible, elle poursuit son chemin interne
Reverra t-elle le jour ?
Oui, demain ou après-demain
Agglutinée à d'autres voyageurs
Qui finiront comme tout le monde
Six pieds sous terre
Peut-être dans les racines d'un cerisier
Quelle est belle ma forêt noire !

Fin de contrat

Il a rendu son âme
Au prêteur sur gages.
Alors qu'il allait quitter les lieux
Il entendit : « et les agios ! »

Les agios ! Pas lui !
Il avait pris une assurance tous risques,
La carte Gold, la carte Platinum
Le vaccin All Inclusive
Et l'assistance planétaire Express Plus

« Comment ça, ça ne marche pas ici ! »
Il n'allait pas faire du rab pour les autres
Pour ceux qui ont connu les guerres,
Les épidémies, les deuils d'enfants….

Il décida de se plaindre haut et fort
À la DRH, au chef de gare, à la mafia
À son bailleur, au Père Lachaise, au facteur
Et même en place publique, il exprima sa colère

La prochaine fois, j'irai chez ma tante !
Hurla-t-il dans le halo d'un lampadaire
Alors, le télépathe dit au bébé redevenu
Je suis la tante et l'oncle !

Bientôt Noël

Beau et riche célibataire au cœur brisé
Belle mais en galère, dans un village perdu
Ça fait deux semaines qu'ils sourient
De leurs dents blanches bien alignées.

Du vert, du rouge et du doré éclaboussent
Leur pull moche tout bariolé
Les vitrines de jouets, enguirlandées
Sur fond de neige en polystyrène recyclé.

Lait de poule et biscuits épicés
Pour la famille, pour les amis
Pour l'enfant orphelin, pour son petit chien.
Tous posent devant la cheminée ensockée.

Hey, hey, hey !
Crie le grandad déguisé
En déposant des paquets vides enrubannés
Sous un lourd sapin démesuré.

Ah les films de Noël !
Une perpétuelle love story
Sirop de sucre caramélisé
Amour, gloire et beauté.

Je n'aime pas la cannelle
Je n'aime pas les top-models
Je n'aime pas les films de Noël.

Collabo

Collabo, pour le beau du moment
Qui ne durera qu'un temps
Celui des cadeaux inavouables
Cerises rouges aux oreilles coupables.

Collabo, pour les spasmes de l'estomac
Qui réclame les denrées d'antan,
Faim qui tord autant les viscères
Que l'esprit en alerte d'un phacochère.

Collabo, pour l'ombre du maître
Qui reste à la botte du traître
Chien qui obéit au Va chercher
Dans l'attente de l'os jeté.

Le collabo ne dure qu'un temps
Celui des compromis et des traités
On retrouvera l'animal caché
Niant toute vérité.

Lapin pendu, perdu
La peur a changé de camp.

Plainte

Il était presque minuit
Je marchais rue du Chat qui Pêche
Quand soudain, il m'est tombé dessus
Sans un bruit,
Il devait être caché dans un arbre.
Il était gros, trapu et massif
Avec des yeux en amande
Une pilosité importante
Et une épouvantable odeur de poisson.

Je ne peux pas vous laisser dire ça !
Je reprends
C'était un jeune mâle costaud
Avec un regard charmeur
Et une magnifique chevelure.
Son parfum était enivrant
Voilà, c'est mieux ainsi.

Charmant !
Mais il m'a agressé, griffé, mordu
Ma peau est lacérée, je saigne encore.
On pourrait faire une recherche d'ADN !
C'était un persan, je l'ai reconnu.

Cessez vos insultes ou je vous coffre.

À tire-larigot

L'orchestre s'est mis à jouer
Larigot s'est présenté
Et m'a tendu la main
J'ai retiré la mienne
Je me méfie des voleurs à la tire
Alors il m'a lancé un œil noir
Que j'ai voulu stopper
Mais j'ai raté le tir
Et il s'est pris une claque magistrale.
Il a tiré une drôle de tête
Je l'ai prise dans mes mains
Et l'ai faite rouler jusqu'au coin
Mais le sol était en pente
Larigot s'est retrouvé dehors
Il hurlait qu'il reviendrait.
Faut se méfier de ces gens-là.

L'Orient Express

Terminus ! Terminus !
Nous vous invitons à descendre
Et quitter l'Orient Express.
Nous espérons que vous avez passé
Un agréable voyage et bla, bla, bla…
Cela fait une éternité
Que je n'ai pas entendu ces paroles.
Mon chapeau recouvre mon visage
Je fais semblant de dormir
Le contrôleur m'ordonne de sortir
Je ne bouge pas
Un médecin tâte mon corps
Comme à la recherche d'un stylo
Je fais semblant de ne rien sentir
Il se connecte à moi par un tuyau
Aux embouts métalliques
Fébrilement, il en glisse un
Dans la poche de ma chemise
Je craque et l'embrasse à pleines dents
Le docteur est mort d'effroi.

C'est fou, non !

En sortant de consultation
J'ai revu le vieil Elie
Il avait un fou rire
Je ne lui ai pas demandé pourquoi.
Ne jamais contrarier un fou !
M'avait dit notre psychiatre
Alors je me suis tue
En fait, il pleurait
Il venait d'apprendre
Qu'il avait perdu la raison
En plus de sa famille
Il ne voulait plus quitter la salle d'attente.
Nous avons cherché ensemble
Et l'avons retrouvée
Dans son dossier
Sur une page d'un registre écrit en allemand
Une longue liste de noms et de numéros.

Sisyphe, suite et fin

Sisyphe n'est pas là
Sisyphe manque à l'appel
Mais ne manque à personne

On lui inflige une mission punitive
Pousser une pastèque
Jusqu'en haut du mont Chauve
Jusqu'au bout de la nuit

Pousser, ne pas penser
Ni porter, ni tirer ; elle doit rouler
Il sera courbé, cassé, brisé
Elle sera intacte ou presque.

Ne pas s'arrêter, ne pas tricher
C'est une pastèque au cœur de plomb
Mais à la peau tendre
Elle ne doit pas saigner.

Demain sera le même jour
Sauf si demain, la pastèque se fend
Et devient ballon rouge
De l'autre côté du versant.

Feu. Partez !

Un jour, c'était la nuit
Une nuit bien noire
Une nuit sombre comme on les aime.
Le feu venait de passer au rouge
À cause de l'incendie.
Je lui ai crié "Mais bouge !"
Il a mis son clignotant
il a allumé ses phares
Et dans le crépitement des flammes
Muet, il devint noir.
Feu Monsieur nous a quitté.

Dans ma tête

Y'a du monde dans ma tête
Des intrusions massives
Des idées invasives
Des poésies enfantines
Des slogans de manif.
Des publicités accrocheuses
Des refrains entraînants
Tant de textes en mémoire
Qui ne m'appartiennent pas.
Il me suffit d'entendre les premiers mots
Pour finir la phrase.

Aussi, j'ai décidé de faire du tri.
De décroiser les mots fléchés
De raboter les pièces du puzzle
D'aspirer tous les H et siffler les S.
Une poule a sauté du mur, elle jeûne.
Plusieurs solutions et pas de révolution.
C'est neuf, oui ! et même pas lavé !

Je vais vider mon cerveau
Il ne restera rien
Non, rien de rien,
Non, je ne...
Ah non !

Vert de rage

En lisant son courrier
J'ai senti une odeur de muguet
De pâquerettes et d'orties
Un parfum d'herbes coupées
Alors j'ai claqué la bise au papier.
En reprenant ma lecture,
J'appris qu'elle avait mis
Ses ovaires au vert.
J'ai vu rouge
Et pour ne pas être en reste,
J'ai mis mon sang
Sur un papelard bien gras
Sous un message graveleux.
J'ai ajouté du bout des doigts
L'essence de ma vie
Et le cambouis de mon taudis.

Quelques broderies au coin des yeux

Que faire de ses pouces
Quand on ne peut plus les tourner ?
Que faire de ses genoux
Quand ils sont cadenassés ?
Que faire de ses pieds tout gonflés
Dans ses chaussures délacées ?
Que faire de sa peau toute fripée ?
Un bon ourlet !
Du scotch double face pour camoufler
Quelques broderies aux coins des yeux
Un ruban argenté en guise de cheveux
Tirez, lissez, serrez
Et faites un nœud jusqu'à demain.

Sommaire

005 - Mon œil
007 - Soirée Drog Queen
009 - Escalator
011 - Saint Barth
013 - Laine à l'aine
015 - Lueur
017 - Conseil d'ami
019 - Le bijoutier et son crapaud
021 - Carpe diem
023 - Es lettres
025 - Inventaire
027 - La dermite du boulanger
029 - Suivant !
031 - Mer rouge
033 - Chapeau
035 - Tiroirs
037 - Ttttttt toc, toc, toc
039 - Ombres
041 - Le paillasson
043 - Fenêtre sûre
045 - De bon aloi
047 - Tempérance
049 - Sans l'ombre d'un doute
051 - Café lounge
053 - Présage
055 - Attention
057 - Appréciation
059 - Scène de vie
061 - Pas à pas
063 - L'écureuil
065 - Prendre l'air
067 - Poupoule
069 - Les mains dans le dos
071 - Pédiculose
073 - Pédiculose Suite
075 - Partie de cartes
077 - Nuit d'ivresse
079 - Loulou
081 - Bien ficelé
083 - L'oud
085 - Bouche gourmande
087 - Fin de contrat
089 - Bientôt Noël
091 - Collabo
093 - Plainte
095 - À tire-larigot
097 - L'Orient Express
099 - C'est fou, non !
101 - Sisyphe, suite et fin
103 - Feu. Partez !
105 - Dans ma tête
107 - Vert de rage
109 - Quelques broderies…